Alessio David Ricioppo Parra
LA LUZ INTERIOR
Activa tu grandeza

I0422740

Sobre el autor:

Alessio David Ricioppo Parra (nacido el 21 de septiembre de 1988 en Génova, doble ciudadanía española e italiana) es un yogi avanzado, que comenzó a practicar yoga a la edad de 16 años y le encanta ayudar a las personas a ser más felices, crecer en una mejor versión de sí mismas y realizar sus sueños.

Este libro es la traducción oficial en español de **"THE INTERIOR LIGHT – Activate your greatness"** por el mismo autor.

Sito web: theinteriorlight.wordpress.com
Business email: theinteriorlight@gmail.com

AGRADECIMIENTOS

"En primer lugar, me gustaría dar las gracias a mi maravilloso padre por estar siempre presente y para haberme enseñado la práctica yoga. También me gustaría agradecer a todas las personas cercanas a mí - cada una de ustedes es un verdadero regalo en mi vida. También me gustaría dar las gracias a las personas que estaban cerca de mí y con las cuales he compartido momentos maravillosos, también si ya no estamos más en contacto. Gracias a cada uno de ustedes, he aprendido valiosas lecciones de vida que me han convertido en la persona que soy hoy y mejoro cada día "

RESUMEN

1

INTRODUCCIÓN

Miles de años atrás, Lao Tzu dijo sabiamente: *"El viaje de mil millas comienza con un solo paso"*. Nuestro viaje juntos empieza aquí y el primer paso es decirte, mi lector, como comenzó mi interés en el yoga. El yoga es el regalo más grande y la más auténtica alegría de mi vida. Siempre ha habido un vínculo especial entre nosotros dos. Un día, cuando yo era un bebé (tenía sólo 14 días) empecé a llorar, gritando muy fuerte; mi papá me cantó el mantra "OM" y así después de 5 minutos acabé de llorar y me quedé dormido. Así empezó este vínculo. Con el pasar del tiempo empecé a leer libros de Yoga: me gustó mucho la lectura y empezé en practicarlo. Mi primera lección fue cuando tenía 16 años y en muchos años de experiencia, el yoga me ha enseñado muchas lecciones valiosas de la vida. Pero lo más importante es que el yoga me ha enseñado a quererme y creer siempre en mí mismo! Por eso me encanta el yoga. Yoga fue, es y siempre será una parte importante de mi vida.

Mi objetivo en la vida es ayudar a las personas a crecer y alcanzar su máximo potencial. Este libro tiene como objetivo compartir sabiduría y positividad en una variedad de temas y ayudarte, mi lector, para iluminar y mejorar tu vida en áreas diferentes - logrando una mejor comprensión de tí mismo y de la vida, incluyendo el campo de las negociaciones y en las relaciones personales. No hay que buscar la luz - vuelvete en la luz. Una luz positiva para ti mismo y para tus seres queridos. Es tiempo de iniciar nuestro viaje paso a paso.

LEY UNIVERSAL DE LA VIDA - KARMA

De acuerdo con varios modelos científicos el universo era un conglomerado de energía caliente desde hace muchos billones de años atrás, cuando pasó un evento conocido como el Big Bang. Las fuerzas fundamentales de la naturaleza comenzaron a manifestarse: el electromagnetismo, la gravedad, la fuerza nuclear fuerte, la fuerza nuclear débil. Nació el espacio-tiempo, las partículas comenzaron a formarse mientras que el universo comenzó su proceso de expansión, las estrellas y las galaxias empezaron a aparecer en el universo. Un día en el sistema planetario alrededor de la estrella conocida como Sol, en este planeta, todas las condiciones ideales para el nacimiento de la vida se produjeron, a partir de las formas de vida a nivel celular para pasar a seres más evoludos en manera constante. Desde hace muchos miles de años, los yogis descubrieron que cada ser vivo está bajo la influencia de una ley universal, llamada "Karma". Karma es una palabra sánscrita, que significa "acción". El Karma regula el flujo de la vida en el nivel energetico - con las propias acciones kármicas, cada uno crea con las propias manos todas las experiencias individuales de vida - buenas y malas, agradables y desagradables. Ergo cada persona escribe personalmente su destino con sus pensamientos, palabras y obras. Por lo tanto el Karma se puede considerar el equivalente espiritual de la ley de movimiento de Newton: *"Hay una reacción igual y opuesta por cada acción".*
Si tu introduces energía positiva en el universo, la energía positiva volverá de nuevo a ti. Si introduces pensamientos, palabras y obras negativos, será la energía negativa que te volverá atrás. El karma es, por lo tanto, a menudo simplemente mal entendido y visto como una

fuerza punitiva - pero las cosas no son así. El karma existe sólamente para fines educativos – para demostrar que un acto perjudicial es malo, con el fin de permitir que la gente aprenda lecciones de vida y para crecer espiritualmente como individuos. Una persona sufrirá si y sólo si personalmente creará las condiciones de sufrimiento. Hay 12 leyes conocidas del Karma.

Ley del Karma # 1 - La Gran Ley
"Usted cosecha lo que siembra"
Esta se conoce como la Ley de Causa y Efecto.
Cada vez que hemos puesto en marcha una acción en el universo, esta es la que va a volvernos atrás. Nuestros pensamientos y acciones tienen consecuencias - positivas o negativas, que sean inmediatas o futuras. Si queremos la paz, el amor, la armonía, la prosperidad, etc ... entonces tenemos que actuar en paz, armonía, amor, etc ... El suministro de energía negativa dirigida hacia otras personas regresará diez veces más fuerte para enseñarte que un acto perjudicial es dañoso.

Ley del Karma # 2 - Ley de Creación
"Lo que tenemos en la vida se logra por medio de la participación".
La vida no sucede por sí misma, requiere nuestra participación. Siendo nosotros mismos uno con el universo, tanto por dentro que por afuera, nuestras intenciones determinan la evolución de toda la existencia. La vida que vemos alrededor fue creada en conformidad con las intenciones de los seres vivos y nuestro ambiente externo, como signo de nuestro estado interior (es decir nosotros creamos el ambiente externo). Por lo tanto somos responsables de la creación de un ambiente propicio para la realización de nuestros deseos; entonces tienes que ser

y hacer lo necesario para lo que quieras obtener en la vida.

Ley del Karma # 3 - Ley de la Humildad
"El rechazo de aceptar como es la situación actual, no va a cambiar la situación actual."
Uno debe aceptar primero las circunstancias actuales para poderlas cambiar. La situación que rechazas seguirá existiendo. Si vemos un enemigo o una persona con un rasgo de carácter, que consideramos negativo, no nos centramos en un nivel superior de existencia. Centrándose en lo negativo no cambia la situación. Tienes que centrárte en lo positivo para cambiar tu vida y mejorarla.

Ley del Karma 4 – Ley del Crecimiento.
"Las personas crecen juntas o por sí mismas. Nuestro crecimiento espiritual está por encima de todas las circunstancias ".
Dondequiera que vaya, ahí estás. Para crecer tenemos que cambiar nosotros mismos - no las personas, los lugares y las cosas que nos rodean. La única cosa que podemos controlar somos nosotros mismos. La acción o inacción posterior traerán resultados positivos o negativos en nuestras vidas. Cuando cambiamos nosotros mismos y lo que queremos en nuestros corazones, nuestras vidas también cambiarán.

Ley del Karma # 5 - Ley de Responsabilidad
"No soy quién crees que soy. Tu eres quién crees que yo soy. La vida es nuestra y no de las otras personas".
Cuando una turbulencia ocurre en tu vida, a menudo se verifica una tormenta interna. Reflejamos lo que nos rodea y lo que nos rodea nos refleja. Por eso esta ley se conoce también como "Ley de los Espejos". Cuando

alguien señala algo en ti (que se trate de una etiqueta positiva o negativa), eso significa que se encuentra en él y si ves las mismas cualidades en él, también se encuentran en ti. Si no está en ti, está en él. Esta es una poderosa verdad, porque si alguien trata de ponerte una mala etiqueta y no sabes por qué crea en ella - te darás cuenta de que no está en ti, sino en él - y no sentirás la necesidad de probar o convencerlo de lo contrario, sabiendo que simplemente no puede verlo. Si queremos cambiar nuestras vidas, debemos asumir la responsabilidad de lo que está en nuestras vidas, cambiar nuestro estado de ánimo y nuestro ambiente.

Ley del Karma # 6 - Ley de Comunicación.

"Todo está conectado - grande o pequeño. Pasado, presente y futuro están todos conectados ".

Aunque a primera vista algo que hacemos puede parecer insignificante - de hecho, nuestro pasado, presente y futuro están conectados. Por lo tanto hay que hacer cambios en los pasos de nuestro viaje en la vida si queremos algo diferente. Cada paso lleva al siguiente y así sucesivamente. Para completar una tarea primero tenemos que dar el primer paso hacia el objetivo. Cada paso tiene la misma importancia - todos son necesarios para completar la tarea.

Ley del Karma 7 – Ley de la Concentración

"No se puede enfocar en dos cosas a la vez"

Es importante tener una mentalidad del tipo 'paso a paso', centrándose en el paso del momento presente. Por lo que concierne nuestro crecimiento espiritual no podemos tener pensamientos o acciones negativas, porque toda nuestra atención debe dirigirse hacia el logro de los objetivos.

Ley del Karma # 8 - Ley del Dar y de la Hospitalidad
"Tenemos que demostrar lo que hemos aprendido aplicandolo y también nuestro espíritu altruista con nuestras intenciones"
Lo que pretendemos ser de verdad, debe manifestarse en nuestras acciones. A veces la vida te llamará para demostrar en la práctica la verdad aprendida. El altruismo es una virtud sólo si incluye algo más que nosotros mismos. Sin carácter altruista el verdadero crecimiento espiritual es imposible.

Ley del Karma # 9 - La ley de "Aquí y Ahora"
"Carpe Diem"
No se puede volver al pasado y cambiarlo. No se tiene que mirar hacia atrás con arrempentimiento y hacia adelante con expectativas, porque esta actitud nos impide estar totalmente presente en la única cosa que realmente importa - el "aquí y ahora". Viejos pensamientos, sueños y necesidad de repetir las mismas conductas nos impiden de tener nuevos. Solamente en esta manera es posible avanzar y mejorarse.

Ley del Karma # 10 - La ley del Cambio.
"Todo sucede por una razón. La historia sigue repitiéndose hasta que tu no cambias la misma".
Se repetirá la historia hasta que no aprendemos las lecciones y nos esforzamos conscientemente en la dirección de nuestra energía positiva para cambiar nuestro camino.

Ley del Karma # 11 - Ley de la Paciencia y la Recompensa
"Roma no se construyó en un día. La creación de

cualquier cosa de valor requiere una mentalidad paciente"

Incluso el viaje más largo empieza con un solo paso. Las recompensas de valor duradero requieren una mentalidad paciente y duro trabajo. Tu quiebras solamente si dejas de intentarlo. Las recompensas no son el resultado final. Una alegría verdadera y duradera surge cuando tu sabes lo que tienes que hacer en la espera del premio que recibirás como una recompensa bien merecida.

Ley del Karma # 12 - La ley del Significado y de la Inspiración

"La mejor recompensa es la que contribuye a la totalidad."

El valor de algo está directamente relacionado con la energía y la intención puesta en marcha para llegar al objetivo. Cualquiera contribución personal también afecta al todo. El resultado final es de poco valor si se deja un mínimo o ningún impacto en absoluto, o si funciona a disminuirlo. Nos convertimos en lo que pensamos.

Es importante mantener siempre una actitud positiva.

Tener un comportamiento agradecido, actuar con amor, comprobar los motivos, observar tu actitud y perdonar. La positividad es mucho más fuerte que la negatividad, y hay que mirar siempre el lado positivo de cada situación y la lección positiva que se puede aprender de la misma. La negatividad sólo te puede hacer daño si tu vibras en esa energía de frecuencia, vibras más alto manteniendo una actitud positiva y no crearás ningún tipo de karma negativo. Por otra parte, actuando positivamente, vas a limpiar el karma negativo generado en el pasado - este proceso se conoce como limpieza "kármica". Si actúas negativamente y con miedo, no sólo vas a crear karma negativo, sino también crearás el ambiente de pensamientos, conductas y acciones que traerán en tu vida lo que querias evitar. El miedo es sólo una ilusión - así mira al presente y despiertate. La vida es un eco - si tu actúas en manera positiva y concentrandote en el momento presente, no puede existir el miedo. Dicho esto podemos distinguir dos tipos de Karma - Karma individual y colectivo. La diferencia es simple. El karma individual viene creado por un ser vivo, el colectivo es la suma del karma generado por un grupo de seres vivos. Es interesante observar que el karma colectivo está a la base de los 'ciclos históricos'. En cuanto a la historia, se puede ver que ciertas conductas en la sociedad humana se repiten.

No es una casualidad - en realidad es una expresión colectiva del karma generado por muchas personas durante un período prolongado, que regularmente se activa con las condiciones apropiadas. En una escala mayor el karma colectivo de todos los seres vivos afecta a la totalidad del universo hasta el punto de tener un efecto predominante variable de fondo. El punto más bajo es el "Kali Yuga", en el cual la ignorancia y la violencia predominan. Con la mejoría del karma mundial el universo entra en el "Dvapara Yuga" (en el cual hay una mejor comprensión media del concepto de espacio), luego se pasa al "Tetra Yuga" (en el cual hay una mejor comprensión media del concepto de tiempo) y luego se alcanza el pico en "Satya Yuga" (el efecto de fondo está en la cumbre de la positividad, comunicación y hay una mejor alineación media de los seres vivientes con la ley universal del karma) y después empieza a bajar hasta llegar al kali y el ciclo se repite otra vez. En este período histórico el universo está en una fase ascendente - el punto más bajo del Kali Yuga fue durante la Edad Media (una era de extrema violencia e ignorancia) y poco a poco hemos entrado hace unos cien años en una fase ascendente "Dvapara Yuga".

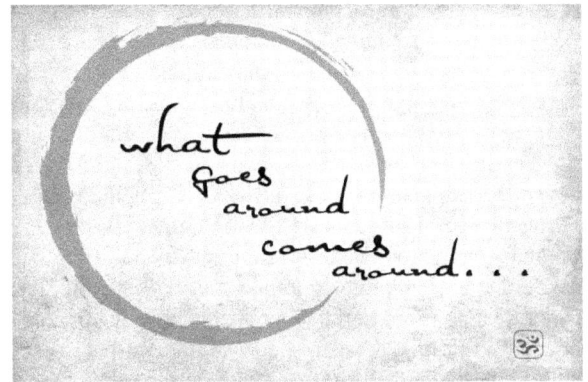

YIN E YANG

Observando el universo se puede ver una gran cantidad de dualidades: el calor y el frío, húmedo y seco, arriba y abajo, etc… Y por lo general vienen consideradas por muchas personas como fuerzas opuestas que no pueden coexistir. Pero si se mira con imparcialidad el contexto, te darás cuenta de algo interesante. Tomamos, por ejemplo - "caliente" y "frío". En el primer caso se podría pensar en un incendio que quema una área y reduce todo lo que encuentra en su camino en cenizas. En el segundo caso tu podrías pensar al invierno de Siberia con el frío extremo, la nieve y el viento helado. A primera vista no tienen nada en común. Sin embargo, mirando más a fondo, te darás cuenta de algo. Para definir un objeto "caliente" tiene que haber un concepto opuesto - que en este caso es "frío". Por otra parte tiene que existir una escala de comparación relativa entre los dos y en este caso el factor utilizado para la comparación se llama "temperatura". La temperatura se expresa por un número relacionado con la cantidad de calor y la cantidad de calor se determina por la vibración y el movimiento en el nivel atómico. El "Frio absoluto" es la condición en la cual esta vibración atómica y movimiento están completamente ausentes. Cuánto más altas son las vibraciones y el movimiento tanto más calor viene producido y el "Calor absoluto" es la condición en la cual las vibraciones están en la cumbre y las partículas alcanzan la velocidad de la luz - pero por ahora ninguno de las dos condiciones extremas fue replicada en laboratorio y, por lo tanto, se clasifican como puramente teóricas.

Ahora tomamos nuestro Sol … Podemos decir que el Sol puede estar a la vez "caliente" y "frío".

El sol está "caliente" cuando se compara con un planeta

como la Tierra; sin embargo hay estrellas que pueden producir mucho más calor del Sol mismo y en este caso el Sol sería clasificado como "frío" comparado con las estrellas más calientes. Este es el concepto que se expresa por el Yin - Yang. La dualidad no son opuestos que no pueden coexistir, sino son un aspecto complementario unitario del conjunto. Como tal el símbolo de Yin y Yang viene representado por un círculo compuesto de dos partes: una mitad es de color negro, la otra es de color blanco y en cada una de ellas hay un punto del otro color. Es un poderoso símbolo y en cada situación en la vida siempre habrá una parte positiva y negativa. Por está razón tienes   siempre que centrarte en lo positivo y comprender la lección positiva que puedes aprender en este caso. Después de todo, el amor y la positividad son las fuerzas más poderosas de la conexión, del crecimiento y de la expansión espiritual.

LA VIDA ES UN VIAJE

En un contexto universal tan fascinante un día nacimos. Cada uno de nosotros es una expresión única de la totalidad, con un potencial ilimitado. Los antiguos americanos creían que la Tierra era la "madre" de todos nosotros; entonces ellos trataban con gran respeto a nuestro planeta y a los otros animales. Y no reclamaban cualquiera propiedad sobre la tierra o el mar, viéndose a sí mismos como testigos y pasajeros de este planeta. La vida es un viaje y el viaje de cada persona es diferente. Las situaciones cambian, las personas van y vienen en tu vida y aprendes lecciones valiosas. Es el rechazo a aceptar el flujo de la vida que provoca la miseria y el sufrimiento. En este viaje individual cada uno de nosotros tiene dos herramientas poderosas: la mente y el cuerpo, dos caras de la misma moneda. Tratas de observar la diferencia de la forma de respirar cuando te sientes nervioso/a y cuando te sientes tranquilo/a. En el primer caso cada respiración es superficial y rápida, mientras que en el segundo cada respiración será más profunda y de mayor duración. Ahora la próxima vez que te sientes nervioso/a, comienza a respirar más profundamente, con tu abdomen, empujando hacia afuera cuando se inhala y empujando hacia la columna al exhalar – haciendo que cada respiración sea más profunda. Hagas esto por un poco de tiempo y observas cómo te sientes - empezarás gradualmente a sentirte más tranquilo/a - esto es una prueba de que la mente y el cuerpo están conectados. La medicina oriental es muy consciente de este hecho y, a diferencia de la medicina occidental, prefiere centrarse en la búsqueda de las causas más profundas de una enfermedad. Por ejemplo, tomamos la enfermedad conocida como "la gota". En la medicina occidental los médicos por lo general proporcionan un medicamento para las inflamaciones que es solamente un alivio temporal así que el paciente volverá a tomar más anti-inflamatorios otra vez. La medicina oriental, al contrario, analizarà el problema mucho más en profundidad, no sólo dando ayuda temporal, sino va a buscar la causa de la enfermedad y sugerir las posibilidades para evitar más problemas - y en este caso se trataría de algunos cambios en la dieta del paciente y asegurarse de que el paciente beba más agua, reduciendo de este modo el depósito de sustancias que crean la artritis inflamatoria. El yoga es también un poderoso instrumento médico - existe un libro brillante sobre esto, el "Yoga como medicina" escrito por Timothy McCall. Te sugiero de leerlo porque es muy interesante. Mirando aún más profundamente las enfermedades vienen causadas por un mal funcionamiento en el sistema de la energía vital, que causa la formación de bloqueos de energía (prana). Estos bloqueos de energía pueden impactar directamente en el cuerpo como en el caso de enfermedades relacionadas con el estrés (tales como dolor de estómago o dolores de cabeza crónicos) y/o que el sistema inmunitario venga debilitado al punto de permitir que los virus y las bacterias puedan infectar la persona. En Oriente la existencia de la energía vital se conoce desde hace miles de años y ha sido llamada con diferentes nombres - ki, prana, qi... Muchas técnicas útiles han sido creadas para corregir las disfunciones energéticas como la pranoterapia/el reiki, acupuntura etc ... En el Occidente el Doctor William Reich fue capaz de extrapolar esta misma energía vital, que llamó "orgon", también con la creación de objetos que focalizan su flujo en manera tal de utilizar una forma similar a la pranoterapia y al reiki y los utilizó para tratar a pacientes críticos con resultados sobresalientes.

La energía vital no sólo afecta a la salud del cuerpo – y se puede hablar de mucho más. La energía vital tiene dos aspectos: uno es la energía masculina, mientras que la otra es la energía femenina. La energía masculina está relacionada principalmente con la lógica, romper barreras, la acción, la supervivencia. La energía femenina se relaciona principalmente con la emoción, la conexión, la curación y la crianza. Cada uno de nosotros tiene dentro las dos energías. Por naturaleza la mayoría de las personas están mas fuertes en una y más débil en la otra durante la vida. Los hombres normalmente están más centrados en la energía masculina, mientras que la mujeres están más concentradas en la energía femenina. Como resultado las mujeres se guían por las emociones y los hombres por la lógica. Todo lo que una mujer hace y dice es el resultado de su estado emocional en el momento presente, mientras que los hombres son más lógicos y se centran en el objetivo de la vida. Habiendo comprendido y entendido esta verdad, se puede obtener una comprensión reciproca, comunicar más facilmente y desarrollar sin esfuerzo relaciones románticas (en las cuales hay una polaridad sexual, de modo que en una pareja uno de los dos debe estar centrado en la energía masculina y la otra persona centrada en la energía femenina - en las relaciones heterosexuales esto se consigue normalmente con un hombre "masculino" que estará acompañado por una mujer "femenina"). Es importante tener en cuenta que, si bien se puede fortalecer la energía más débil con el ejemplo de otra persona, no deberías depender de otra persona para restaurar la energía desequilibrada a través de relaciones personales. Para ser una persona completa, tienes que dominar totalmente la energía con la cual tienes mayor afinidad (normalmente por un hombre es la energía masculina y viceversa) y, al mismo tiempo, tienes que aprender a utilizar también la otra cuando sea necesario, porque algunas situaciones requieren más el uso de una que de la otra. Otro rasgo común de los seres vivos es la libertad de ser ellos mismos, la cual es un reflejo de la libertad universal.

Cada persona se molesta si nota la pérdida real o pérdida potencial de su libertad y por este motivo el comportamiento obsesivo es un repelente natural en las relaciones humanas - interactuando con una persona obsesiva, percibes que tu libertad está en riesgo. El verdadero amor es libertad. Tienes que amarte a ti mismo primero y este es el requisito previo para la creación de un gran estilo de vida y la satisfacción de las relaciones personales. Después de todo, tu eres la persona con la que va a pasar toda tu vida. Amarse a si mismo significa no tolerar la presencia de gente negativa en tu vida, que crean constantemente dramas e intentan de desanimarte. Tu debes siempre evaluar las acciones de las otras personas – aquellas que te aprecian, recibirán el regalo de tu presencia y los otros recibirán el regalo de tu ausencia. El objetivo de la vida es gozar de este viaje, haciendolo agradable para ti y para satisfacer tu profundo deseo de grandeza y crecimiento como individuo. No pongas las llaves de tu felicidad en el bolsillo de otra persona, porque la felicidad es un estado interior. Me gusta ver a la gente feliz y tener éxito.

SOCIEDAD Y CONDICIONAMENTO SOCIAL

En la antigüedad los primeros seres humanos comenzaron a reunirse en tribús para facilitar su supervivencia y así nacieron los primeros grupos sociales. En la antigüedad los hombres eran los guardianes que protegían a sus familias de la captura por las tribús rivales. Los hombres proveían a la seguridad de sus familias así que las mismas confiaban en ellos para enfrentar situaciones críticas y sentirse protegidas. Ser una montaña significa ser un guardián y un líder. Hoy en día nuestros queridos confían en nosotros hombres porque saben que podemos protegerlos del peligro y podemos permitir que sean más vulnerables emocionalmente y físicamente. Ellas saben que no vendrán humillados. Ellas saben que siempre están protegidas de los peligros y problemas. Ser una montaña significa proporcionar una vida donde se puede encontrar el amor, la comprensión, la seguridad emocional, la seguridad física y la aceptación - un verdadero hombre es un héroe por si mismo y por sus seres queridos. Con el paso del tiempo las primeras unidades sociales evolucionaron: se pasó de la tribú de cazadores nómadas a un estilo de vida más sedentario - con la creación de las primeras aldeas, la introducción de los conceptos de agricultura; después se pasó gradualmente a la creación de pueblos, ciudades, del comercio, dinero, etc ... hasta llegar poco a poco a la estructura social actual. El objetivo real de la sociedad actual puede identificarse en dos componentes principales: el sistema capitalista y la voluntad de los gobiernos de controlar el grupo local de personas, aumentando el egoismo individual y creando nuevas necesidades triviales.

La sociedad no tiene el interés para que las personas desarrollen sus características únicas. Los gobernantes de las comunidades sociales prefieren tener un grupo de personas que no cuestionan la situación actual, que alimentan al sistema de ganancia capitalista y que la mayoría de la población venga manipulada por los mismos gobernantes. Una gran representación de este mecanismo se encuentra en el libro "1984", escrito por Orwell. Los que no siguen el modelo anterior de "normalidad" por lo tanto se convierten en un peligro por el sistema. Con el fin de reducir la posible aparición de pensadores libres, por lo tanto, la sociedad intenta de "lavar" el cerebro, utilizando dos herramientas principales: el sistema educativo y los medios de comunicación. A partir de la infancia la sociedad intenta de alimentar ideas sobre un determinado modelo de vida y por lo general tratar de suprimir la creatividad y el pensamiento individual libre. Esta es, por ejemplo, la razón por las cual los zurdos venían obligados a aprender a escribir con la mano derecha - los zurdos son normalmente más creativos de los dextrorsos. Las personas que han sufrido este condicionamiento de cerebro inconscientemente actúan en la misma manera con los niños sin darse cuenta. Además de este mecanismo los medios de comunicación se pueden considerar también potentes herramientas complementarias. Son maestros en la manipulación de la información de una manera que favorece la estructura social actual y el modelo propuesto de "normalidad" de la comunidad local. Las técnicas típicas de manipulación de los medios de comunicación consisten en el causar miedo y crear falsas necesidades para seguir el modelo elegido. Los medios de comunicación e Internet en general son los principales creadores de miedo general, que afecta a la gran mayoría de la comunidad, en manera de controlar y manipular siempre más la población creando hombres "ovejas". Un mecanismo eficaz para hacer esto es una vieja estratagema de guerra latina, el "Divide et impera" (=divides y vencerás).

Cada método organizado que causa tales separaciones está muy bien apreciado por el jefe de la estructura social, como por ejemplo los cultos organizados y los   deportes. Normalmente se pone mucha énfasis en los

delitos cometidos por gente que no pertenece a la misma cultura y poca énfasis para la gente de su propia cultura que ha cometido delitos similares y esto es un intento astuto para generar el racismo - y la razón es simple: si los miembros de las diferentes comunidades interactúan entre sí, es más fácil ver el nivel de manipulación de las estructuras sociales, porque los modelos "normales" son diferentes como pueden ser diferentes sistemas de manejo. La idea de estado es una exasperación del "divide y vencerás" sobre un área más amplia - simplemente la manipulación se realiza en un conjunto mucho mayor de las comunidades locales. Miras a la Tierra: tu ves algunas fronteras que limitan a los países? No, no hay ninguna. Esas fronteras son imaginarias, son solamente convenciones para ayudar a algunas personas en sus privilegios. En verdad todos somos ciudadanos del mundo. La creación de falsas necesidades viene impulsada tanto por el deseo de un determinado modelo que se debe seguir a tontas y locas, ya sea de conseguir un beneficio capitalista del sistema.

Voy ad hacer un ejemplo: los anuncios de publicidad en la tele. Los anuncios utilizan una versión alterada de una técnica positiva de yoga, llamada "afirmaciones". La técnica original funciona así: leyendo todos los días, en un estado receptivo y relajado, afirmaciones positivas - las mismas entrarán en tu subconsciente (así como la gota que cae sobre una roca al final hace un agujero). Los anuncios de publicidad utilizan una versión negativa de la técnica arriba mencionada: en el punto de climax un programa de cine / TV, etc. --- cuando la persona está más receptiva aumentan el volumen de la publicidad para hacer un impacto mayor en el espectador. Con la repetición constante el mensaje entrará en el subconsciente y creará la necesidad de comprar el artículo que la persona no necesita realmente. Como resultado habrán muchas personas que a fuerza de ver el anuncio empezarán a comprar cada vez más el producto anunciado, trayendo más beneficios a la sociedad capitalista. Muchas personas caen en la trampa de la manipulación social y se vuelven como "zombi": siguen ciegamente la multitud y los medios de comunicación, viviendo en acuerdo con el modelo de normalidad, no descubren sus verdaderos dones y talentos y un día morirán sin haber realmente vivido. Steve Jobs hizo un magnífico discurso en Stanford – tendrías que leerlo y / o verlo. Voy a citar una parte: *"Tu tiempo es limitado, así que no pierdas tiempo viviendo la vida de otra persona. No permitas de ser atrapado por el dogma - que es el resultado del pensamiento de otras personas. No dejes que el ruido de las opiniones de los demás callen tu voz interior. Y lo más importante, tienes que seguir tu corazón e intuición. De alguna manera ya sabes lo que realmente quieres ser. Todo lo demás es secundario ".* (Steve Jobs)

Tu no eres responsable del condicionamiento social que recibiste, especialmente cuando tu eras un niño. Sin embargo, como un adulto, eres el 100% responsable de resolver la situación y recuperar el poder y el control de ti mismo y de tu vida. Viajes lo más posible e interactúas con personas de diferentes culturas. Piensa con tu cabeza. Observa y medita. Mira en tu corazón lo que realmente quieres. Descubres tus talentos y características únicas y exploralos. Dejes que tu luz positiva llegue a ser tan brillante y única, de tal manera que otros individuos únicos sabrán exactamente dónde encontrarte.

LOS GRANDES 5 - "O.C.E.A.N"

De acuerdo con distintos estudios psicológicos, podemos observar la presencia de cinco secciones principales - también conocidas como "Los grandes 5" (o por las sigla O.C.E.A.N.) - que contribuyen a la formación de la personalidad de un individuo.

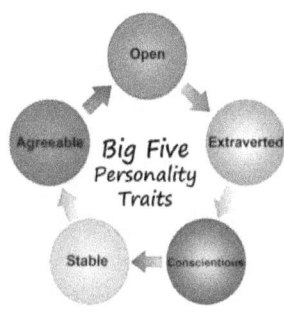

Veamos más profundamente en cada area.

Experiencia de apertura

Esta sección se refiere al grado de curiosidad intelectual, de creatividad y la variedad que tiene una persona. También se relaciona con el tamaño de la independencia de una persona. Las personas con alta apertura y aventurosas son más impredecible, para perseguir la auto-realización con experiencias intensas y por lo general apreciar el arte, la aventura, la emoción, las ideas creativas y diferentes experiencias. Las personas con baja apertura favorecen la rutina, la perseverancia y vienen impulsados por los datos - en los casos más extremos, una persona de abertura baja es dogmática y cerrada.

Escrupulosidad
Una personalidad organizada/efectiva se concentra en la autodisciplina, actúa de una manera digna, con el objetivo de alcanzar las metas y prefiere la planificación y preparación a la conducta espontánea - en su punto máximo, hasta el punto de ser testarudo y obsesivo. Una personalidad más despreocupada se asocia con la flexibilidad y la espontaneidad, pero en su punto máximo puede parecer descuidada y con falta de fidabilidad.

Extraversión
Una personalidad extrovertida viene energizada por estímulos externos (la compañía de los demás, el comportamiento de búsqueda de atención, conversación, etc ...). Una persona más introvertida y reservada viene energizada por medio de estímulos internos y prefiere pasar más tiempo sola. Este tipo de personalidad puede ser percibida como indiferente y centrada en sí mismo.

Agradabilidad
Una personalidad más amigable es más compasiva y cooperativa, pero en su pico puede ser ingenua o sumisa. Una personalidad más decidida es más sospechosa y antagónica hacia los demás - a menudo es muy competitiva y puede ser percibida como polémica y no confiable.

Neurosis
La personalidad nerviosa es emocionalmente reactiva, más propensa a las emociones negativas y por temporardas prolongadas de tiempo, es emocionalmente inestable, pesimista y, a menudo, de mal humor. La fuerte personalidad es emocionalmente estable, menos molesta y menos sensible - es tranquila, optimista y libre de

sentimientos negativos.

Las personas que no muestran tendencias particulares en las áreas específicas de los cincos grandes son consideradas personalidades adaptables y moderadas y, a veces, se perciben como erráticas, misteriosas y calculadoras. Los niños normalmente tienen una personalidad más inestable. En la infancia el predominio de la energía femenina de una mujer en su sistema de energía vital la programará para que busque la atención y la presencia de una figura masculina principal. Cuando son niñas esta figura es su padre, cuando se vuelven adultas la figura principal masculina será su pareja romántica. Es por eso que las mujeres vienen atraídas por los hombres que tienen una actitud de " tomar o dejar" e indiferente (en otras palabras "ser feliz, independientemente que la mujer esté con él o no y ella escoja otro hombre") y que permiten a las mujeres de "cazarlo". Por lo tanto los hombres inteligentes permiten que las mujeres puedan entrar y salir como quieran. La "caza" (la mayoría del contacto y de la conexión) en las frecuentaciones es un rasgo femenino - por lo tanto el mayor grado de contacto y la conversación en la frecuentación tiene que ser hecho por la mujer, con el hombre que tiene que hacer (si es necesario) un mínimo esfuerzo al empezar la frecuentación hasta que la atracción de la mujer no haya crecido lo suficiente como para que empiece a "cazar" al hombre o de lo contrario la atracción de la mujer irá a disminuir.

Volviendo a los 5 grandes, es importante tener en cuenta que hay un grado entre los dos puntos de cada rasgo de carácter y también si la personalidad del individuo se vuelve más estable alcanzando la edad adulta, esa puede cambiar con el tiempo – por medio de las experiencias y lecciones de la vida. Cada persona puede tener, por naturaleza, un diferente grado de afinidad en cada uno de los cinco rasgos, pero no son rasgos inmutables. Así, por ejemplo, una persona con una afinidad natural al nerviosmo en el campo de la neurosis puede aprender a sentirse seguro, aunque es evidente que se requiere más trabajo respeto a una persona con una afinidad natural hacia una personalidad segura en el mismo trato.

COMUNICACIÓN

La comunicación se compone de 3 partes:
- palabras
- tono de voz
- lenguaje del cuerpo .

Las palabras funcionan como un enlace a una imagen o un concepto visual. Cuando hablas los conceptos e imagenes visuales vienen expresados con palabras del idioma elegido. Al mismo tiempo, leyendo o escuchando una palabra, vas a pensar a la idea conceptual o una imagen visual asociada - digamos por ejemplo "elefante rosa". Al hacer esto, tu vas a pensar en un elefante rosa. Sin embargo las palabras son solamente una parte de la comunicación. Y precisamente son solamente la punta del iceberg. El 93% de la comunicación es en realidad no verbal (tono de voz y lenguaje del cuerpo). Para que un mensaje sea completamente congruente las 3 partes deben ser consistentes entre las mismas.

Notas sobre el lenguaje del cuerpo
- Una sonrisa genuina se extiende por toda la cara, incluyendo los ojos. Una sonrisa falsa por lo general solamente afecta a los labios.
- Un lenguaje abierto del cuerpo (piernas separadas, los brazos extendidos, no poner objetos como barreras, palmas de las manos abiertas etc...) son índices de una mentalidad abierta hacia el otro y así él se siente bienvenido. Reflejar el lenguaje del cuerpo de otra persona es un signo de un acuerdo mutuo.
- Un lenguaje del cuerpo cerrado (piernas y brazos cruzados, poner objetos entre nosotros y la otra persona, cerrar los ojos cuando hablamos con alguien, y etc.) indican una señal de defensa, de desacuerdo y de

estrechez mental hacia la otra persona.

- La posición de los pies indica el punto de atención y si hablando contigo, con persistencia los pies indican la dirección opuesta o hacia la salida en un lugar cerrado, esto puede señalar el deseo de la persona de irse.

- La posición de los ojos indican el canal del sistema nervioso que se utiliza cuando una persona habla. Por ejemplo: mirar hacia abajo se relaciona con la emoción, hacia arriba al ámbito visual, a la izquierda para crear imágenes y a la derecha el canal de memoria. Así que si una persona mira arriba y hacia la izquierda - es una señal de construcción visual de una idea, mientras que mirar hacia arriba y a la derecha indica el uso de la memoria visual. En casos raros una persona utiliza una correlación diferente en distintos canales, pero haciendo preguntas específicas que causan una reacción, se tendrá la confirmación de los canales utilizados por esa persona.

-La mujeres envian señales no-verbales cuando sienten atracción romántica y están dispuestas a coquetear con una combinación de diferentes señales incluyendo: *un lenguaje del cuerpo abierto, jugar con el pelo, mirar hacia abajo cuando las miras (utilización del canal emocional), ojos que se abren, pupilas que se dilatan, rubor, las puntas de los pies que convergen una hacia la otra, usar su espalda como un respaldo, alegría, pausas repentinas en la conversación, mostrar su cuello, enseñar las muñecas, mostrar la frente, inclinar la cabeza, mirar hacia los lados con los hombros levantados, sonreír en manera genuina, reír mucho, cambiar tono de voz para reflejar lo más posible el blanco de interés, el tacto, jugar nerviosamente con collar / pulsera / etc...* Cuando varios de estos señales están presentes en una interacción, se puede suponer con seguridad que la chica tiene interés en ti. Cuando una mujer está dispuesta para besar, lo comunica de manera no verbal:

1) mirará a los labios del blanco de interés cuando esta persona está muy cerca de ella y la mira antes en los ojos, después en los labios y otra vez en los ojos durante algunos segundos o 2) "triangular": mira a los labios de la persona que le interesa, lo que provoca en ella una reacción emocional (mirará hacia abajo – uso del canal emotivo) y de reflejo tratará de mirar en otra dirección para evitar que venga descubierta - y luego reempiezará la triangulación.

-Una posición dominante se caracteriza por un lenguaje del cuerpo abierto, las piernas abiertas, la espalda derecha con el pecho hacia fuera y mirando a la otra persona en los ojos.

La importancia de la comunicación a distancia
En la comunicación visual es interesante observar cuánta distancia hay entre los dos interlocutores - esta indica mucho cómo emocionalmente cercanas están las dos personas. Cada persona tiene diferentes áreas de confort en la comunicación. Cada zona es como una burbuja que envuelve a la persona.
1) El "área íntimo" corresponde a una burbuja que cubre una distancia aproximadamente de 45 centímetros. Esta área es por lo general reservada solamente a las personas más cercanas, como la familia, mejores amigos, pareja y amantes sin que la persona comienze a sentirse incómoda.
2) A partir de 45-120 cm es el "espacio personal", reservado para las personas que conoces bastante bien, pero no estás muy ìntimo/a con ellas.
3) A partir de 120 hasta 360 cm puede ser clasificado como "espacio social", reservado a personas con las

cuales se está interactuando socialmente, pero con las cuales que no tiene una conexión personal, como por ejemplo las relaciones laborales y similares.
4) Más de 360 cm es considerado "espacio público" y se reserva para eventos públicos y extraños.

Estas burbujas son un reflejo de la aura (campo de energía generado por el flujo de energía vital) de un individuo. Al interactuar con otra persona es importante observar el lenguaje del cuerpo y la reacción de la otra persona para evaluar la distancia correcta en la cual la persona se siente a su gusto hablando con ella. Personas de diferentes áreas pueden tener diferentes zonas de confort, dependiendo del entorno y de la cultura de las cuales vienen (por ejemplo, en Japón hay una mayor tendencia a espacios reducidos teniendo en cuenta la densidad de población y los espacios limitados de las ciudades, mientras que en la campaña los espacios son más extendidos y así la población está más acostumbrada a esta condición).

Las 3 reglas para una gran conversación
Con el fin de tener una excelente conversación es útil recordar tres reglas:
1) El tema principal de las conversaciones de la gente es hablar principalmente sobre sí mismos (y todo lo relacionado con ellos - como aficiones, trabajo, etc ...).
2) localizar los puntos en común con la otra persona y si no se puede encontrar uno, pedir a la otra persona de hablar de algo importante para ella (tales como la realización de su propio trabajo, etc) y crear una conexión basada sobre las informaciones que recibe.
3) La conversación funciona como un pastel con múltiples capas. Para añadir una nueva capa primero es necesario

agregar valor a la conversación y sólo entonces se puede hacer una nueva pregunta – al contrario la conversación se podría considerar como un interrogatorio. También es importante pensar en todo lo que vas a decir y preguntarte si es verdadero, bueno y necesario. Si es así, entonces decirlo y si no lo es mejor evitar de mencionarlo.

El arte del networking

La capacidad de networking es muy potente, tanto a nivel personal como profesionalmente. El networking puede ayudar a tener mejores comunicaciones y relaciones satisfactorias y además puede servir mucho para conseguir información o una ayuda que puede ser decisiva en una situación complicada, así como permitir de aprender nuevas habilidades útiles (cada persona tienes su campos de especializaciones y te podra ayudar a crecer). Un punto muy importante es que el networking tiene que ser desarollado con corazón sincero, ya que no es una técnica de manipulación. Te aconsejo de leer el libro *"Cómo ganar amigos e influir sobre las personas"* de Dale Carnegie. Aquí voy a mencionar brevemente las técnicas principales:

"RESUMEN – COMO TRATAR A LA GENTE
Principio 1- No critiques, condenes o quejarte.
Principio 2- Apreciar de manera honesta y sincera.
Principio 3 - Despertar en la otra persona una fuerte voluntad para hacer algo.

RESUMEN - COMO GUSTAR A LAS OTRAS PERSONAS

Principio 1- Desarolla genuino interés en las otras personas.

Principio 2- Sonríes

Principio 3: Recuerdate que el nombre de una persona es para esa persona el sonido más dulce e importante en cualquier idioma.

Principio 4- Seas un buen oidor(a). Animas a los otros a hablar de ellos mismos.

Principio 5- Hablas de temas que interesan a las otras personas.

Principio 6- Hagas sentir la otra persona importante y hazlo con sinceridad.

EN BREVE - INFLUENCIAR A LAS OTRAS PERSONAS CON TU FORMA DE PENSAR

Principio 1- La única manera de obtener lo mejor de una discusión es evitarla.

Principio 2- Mostrar respeto por las opiniones de la otra persona. Nunca digas: "Usted está equivocado."

Principio 3- Si te equivocas, admitilo rápidamente y enfáticamente.

Principio 4 - Empiezas a hablar de una manera amigable.

Principio 5 - Asegúrate que la otra persona empieze a decir "sí, sí" inmediatamente.

Principio 6 - Dejas hablar mucho a la otra persona.

Principio 7 – Dejas que la otra persona se convenzca que la idea es suya.

Principio 8- Tratas honestamente de ver las cosas desde la perspectiva de la otra persona.

Principio 9- Seas solidario/a con las ideas y los deseos de la otra persona.

Principio 10- Apelate a los motivos más nobles.

Principio 11- Enfatizas tus ideas lo más posible.

Principio 12- Propones un reto.

EN BREVE - SER UN LIDER

La tarea de un líder a menudo incluye el cambio de actitudes y comportamientos de su grupo. Estos son algunos consejos para lograrlo:

Principio 1- Empiezas a hablar con elogio y aprecamiento sincero.

Principio 2-   Llevas la atención en los errores de las otras personas en forma indirecta.

Principio 3 – Hablas de tus propios errores antes de criticar a la otra persona.

Principio 4-   Hagas preguntas en vez de dar órdenes directos.

Principio 5- Dejas que la otra persona salve su propia cara.

Principio 6- Alabas a la más mínima mejoría. Seas "sincero/a en tu aprobación" y "generoso/a en tus elogios."

Principio 7- Des a la otra persona una buena reputación con el fin de hacerla mejorar y vivir en manera conforme a esa.

Principio 8- Animes a la otra persona y hagas aparecer la situación fácil de corregir.

Principio 9. Hagas que la otra persona sea feliz de hacer lo que tu sugieres.

EN RESUMEN - Siete reglas para hacer más feliz la vida familiar

Regla 1: No quejarte.

Regla 2: Vives y dejas vivir.

Regla 3: No critiques.

Regla 4: Valoras de una manera genuina.

Regla 5: Seas muy atento/a.

Regla 6: Seas cortés.

Regla 7: Leas un buen libro sobre el lado sexual del matrimonio"

Para obtener información detallada sobre cada ingrediente, te aconsejo que leas el libro de Dale Carnegie.

Cómo aprender un nuevo idioma más rápidamente
He tenido la suerte de nacer de padres de diferentes nacionalidades y así tener dos idiomas nativos - español e italiano. Así que aprendí de niño cómo cambiar desde un idioma al otro a voluntad y por eso aprendo más facilmente nuevos idiomas. Me gusta mucho aprender nuevos idiomas; es muy divertido y abre más a la mente. Podemos notar 6 grados en el conocimiento de una lengua: A1, A2, B1, B2, C1, C2.
A1 es el nivel más bajo y C2 es el más alto.
Por lo tanto los niveles se pueden clasificar como: *A - nivel de principiante, B- nivel intermedio, C – nivel avanzado*. Para aprender un nuevo idioma con mayor rapidez, te aconsejo que utilices el método Assimil.
Es muy eficaz: inicias la lectura de los diálogos en el idioma desiderado y a compararlos con tu idioma nativo (al pié de la página hay notas gramaticales, fonéticos y observaciones sobre el idioma) y cada 7 lecciones hay una de resumen. A mitad del libro empiezas a traducir los diálogos del idioma nativo al idioma deseado (asimilación activa). Al finalizar el libro estandard de Assimil alcanzaras el nivel B2. A este punto tienes que continuar con la práctica diaria, es necesario estudiar por lo meno media hora diaria. Puede ser el caso de comprar un libro de ejercicios detallados sobre la sintaxis y mantenerlo como base de referencia. Lees y/o ves películas en el idioma desiderado, hablas con madrelenguas (una

excelente aplicación para encontrar contactos para ayuda reciproca de forma gratuita es GoSpeaky), etc.

En algún momento se llega al dominio de la lengua - el nivel C1. En cuanto a la C2 - este es un nivel en el cual se crea un estilo único y para llegar a este nivel, tienes que traducir material avanzado (textos periodísticos, textos técnicos, etc ...) en el idioma deseado y comprobar la traducción para aprender nuevas construcciones de palabras, leer, escuchar lo más posible el idioma (puedes escuchar música y cantar, por ejemplo) y por supuesto continuar practicando con madrelenguas y finalmente un dia alcanzaras la meta de la creación de tu estilo personal (nivel C2). Una grande ayuda a recordar fácilmente las palabras es la utilización de asociaciones mnemotécnicas. Mi padre me enseñó el "mnemo" cuando yo era un niño. La idea es de "fracturar" las palabras en conceptos llaves e imaginar una escena ridicula y dinamica que conecte estos conceptos llaves a la palabra – y este link será automático. Puedes leer las técnicas detalladas para mejorar la memoria en el libro "Cómo desarrollar una memoria superior" escrito por Harry Loraine.

Transformas tu vida en un área sin dramas

Con una mayor capacidad de networking también es posible encontrar muchas personas negativas. Por lo tanto es el momento de hablar del drama y de la forma para prevenirlo y/o eliminarlo de su vida. El drama no aparece mágicamente en tu vida. O lo creás con tus manos, o lo invitas a tu vida, o te ves con personas que lo causan en tu vida. Por lo tanto, dejar que el drama continue o eliminarlo del todo de tu vida es una decisión personal. No permitas de hacerte influenciar por los odiadores. Tus odiadores no te odian – en realidad se sienten muy mal con ellos mismos y/o tienen envidia de tus bienes y/o de tus calidades personalesy por lo tanto perciben que tu eres superior a ellos. Así que lo única cosa que pueden hacer es hablar mal de ti para intentar bajarte al nivel de ellos. Así no tienes que considerarlos. Los juicios son una expresión del carácter y las opiniones no definen su realidad. Lo que realmente importa es lo que piensas de ti mismo y tienes que centrarte en tus objetivos y sueños, actuando positivamente. La mejor opción para ti mismo y para tu vida es por lo tanto evaluar a las personas, observando sus acciones y elegir sabiamente tu círculo social. En primer lugar, amate a ti mismo. Amarse a sí mismo significa que no vas a permitir en tu vida los comportamientos negativos de otras personas, el drama y las personas que intentan derribarte. Por lo tanto, debes eliminar todas las personas "tóxicas" de tu vida y permitir en tu circulo social solamente tus amigos y amantes que te aprecian, te ayudan a crecer como individuo y que son personas positivas. Siempre deberías seguir estas tres reglas: 1) Respetar a sí mismos. 2) Respetar a los demás 3) La responsabilidad de las propias acciones. La paz interior empieza cuando decides de no permitir que las otras personas o los eventos controlen a tus sentimientos.

Emoción y lógica en la comunicación
Es necesario explicar algo sobre las interacciones entre hombres y mujeres, ya que la base del razonamiento de los hombres y de las mujeres son por lo general diferentes (la del hombre se basa sobre la lógica y la de la mujer sobre las emociones). Cuando un hombre dice algo sus palabras son una representación más lógica y con un objetivo; entonces cuando un hombre normalmente dice algo, él quiere decir lo que dijo y está dirigido a un objetivo práctico específico. También generalmente a los hombres no les gusta hablar de los problemas, sino que

más bien se retiran de forma privada y piensan por su cuenta para encontrar soluciones. Por otro lado todo lo que una mujer dice y hace se basa sobre el resultado de sus emociones en el momento presente, con un enfoque principal en la conexión con la otra parte y esta emoción a veces lleva a una mujer a hacer generalizaciones con enojo, etc... Además, las mujeres suelen resolver sus problemas hablando y compartiendo sus emociones y sentimientos. Por lo tanto, para la comunicación sin esfuerzo entre dos personas del sexo opuesto, se necesita un esfuerzo mutuo:

- el hombre tiene que concentrarse en la lectura del estado emocional y lenguaje del cuerpo de la mujer, escuchando correctamente (mediante la repetición de parte de lo que dice, mediante el análisis de cómo se siente y preguntandole de compartir todo) y colocando un gran énfasis en las emociones y sentimientos de la mujer.

- Una mujer debe centrarse en la expresión de sus necesidades emocionales en base a una dirección más lógica.

Una buena manera para los hombres para abrir emocionalmente su mujer es la siguiente.

El hombre empieza a preguntarle cómo pasó el día y luego la deja hablar, animándola a contar todos los detalles. Mientras la mujer habla, el hombre debe repetir algunas de las partes que ella dijo (para demostrarle que la está escuchando atentamente) y evaluar lo que le está pasando y cómo la hace sentir emotivamente. Después de un poco de tiempo, habiendo hablado de esta manera, la mujer va a decir que se siente mucho mejor y/o que está feliz de haber hablado con el hombre; al hacerlo se sentirá aliviada y se abrirá más y más con el. Cuando una mujer está herida y/o enojada, puede recordar y de repente nominar una situación pasada similar en la cual había sentido la misma emoción y/o comenzar a hacer generalizaciones con rabia. Por ejemplo, cuando una mujer dice "no me escuchas". Ella no quiere decir que "el hombre nunca escucha a ella" como la mayoria de los hombres suelen comprender, sino simplemente que la mujer en ese momento percibe que el hombre no la está escuchando y por lo tanto tiene una reacción emocional de generalización rabiosa. Además típicamente las mujeres ponen a la prueba a los hombres para ver si realmente le importa de ellas y una de estas maneras consiste en decir "estoy bien" cuando se mira bastante claro que la mujer se siente mal. Cuando esto sucede, el hombre debe centrarse en la apertura emocional de la mujer, destacando el hecho de que no se siente bien y quiere saber lo que le pasa con humor, tacto y presencia masculina: pasado un poco de tiempo la mujer bajará sus defensas abriendose y siguiendo el mismo modelo arriba mencionado con una excusa en la línea de *"Haciendo esto, te hice sentir de esa manera y haciendo de esta manera, te hice sentir de esa otra manera. Debería haber hecho en esta otra manera con el fin de haberte hecho sentir apreciada. Siento que te he hecho daño. Disculpame."* Entonces la mujer se sentirá aliviada y le dirá de sentirse feliz por haber hablado con él y/o agradecerá al hombre y luego la mujer volverá a abrirse totalmente con él. En las frecuentaciones y relaciones románticas las mujeres aman poner a prueba a los hombres, inconscientemente y/o conscientemente, para ver si el hombre se centra en su energía masculina y en su propósito en la vida. Mayor está la atracción y las pruebas para los hombres serán mas faciles, mientras que si más baja está la atracción de la mujer, los obstaculos que pondrá entre ella misma y el hombre serán más duros y también las relativas pruebas. Una mujer sabe que cuando un hombre realmente se preocupa por ella, lo demostrará con hechos y no sólo con palabras. Todo lo que quiere una mujer es venir apreciada, por lo tanto un hombre deberià estar siempre agradecido y apreciar el esfuerzo de su mujer en la comunicación y en sus acciones (cómo cuidar de su aspecto, etc ...). De esta manera el hombre ha abierto de una manera especial su mujer hacia si mismo.

LA CALMA Y LA ARTE DE LA NEGOCIACIÓN

La calma es la fuerza que rinde a una persona prácticamente imparable. Manteniendo la calma en cualquiera situación, se puede con imparcialidad evaluar las mejores soluciones posibles, tomando medidas positivas apropiadas y esto es cierto en todos los ámbitos de la vida, incluso en el business como en las relaciones personales. Una gran manera de calmarse es respirar profundamente y largamente como he explicado en el capitulo sobre el "yin y yang" cuando he hablado de la relación entre la mente y el cuerpo. Cada situación en la vida es una forma de negociación y/o una prueba que promueve el crecimiento individual. Siempre debemos estar preparados. Un gran ejercicio de preparación es la técnica de yoga "Sankalpa" que consiste en la visualización de lo que uno quiere lograr como si fuera delante de sus mismos ojos – en esta manera se preparan la mente y el cuerpo en la manera mejor para tomar las medidas positivas necesarias. Manteniendo la calma puedes evaluar imparcialmente las circunstancias y las otras opiniones de los asociados sobre la posible negociación con el fin de hacer todas las consideraciones necesarias. La asertividad es también un trato importante en la vida: ser directo/a en la expresión de quién eres, cómo te sientes y lo que quieres de una negociación. El teléfono sólo debería utilizarse normalmente como un medio para citarse, no para dar informaciones. Mientras que tu estas involucrado en una negociación, puedes experimentar uno de los siguientes escenarios:

A) convencer a la otra persona para conseguir lo que quieres;

B) la otra persona / grupo no está dispuesto a darte lo que quieres e intenta a convencerte de aceptar sus condiciones.

Si los puntos de vista de las dos partes son idénticos o similares, se puede alcanzar muy rápidamente un acuerdo. A veces, la negociación puede durar más de lo esperado, con la otra parte insegura sobre el acuerdo - en este caso se debe retirar la oferta y considerar si es apropiado hacer una contraoferta - si es así, es altamente recomendable intentar al máximo otra vez. Es importante recordar esto: *'La posición más fuerte en la negociación es capaz de salir de las negociaciones y no mirar hacia atrás.'* (Michael Yon).

Si la otra parte no está dispuesta a darte lo que quieres y no quieres aceptar su contraoferta, entonces tienes que salir de la negociación y no mirar hacia atrás. Si quieres llegar a toda costa a un acuerdo, la otra parte lo sentirà y tu perderás toda tu influencia en la negociación. En caso tu especificas claramente tus condiciones y digas a la otra parte de contactarte si cambiará idea en futuro. En esta manera tu comunicas a ellos que valoras a ti mismo y lo que puedes ofrecer. En ese momento, o llegarás a un acuerdo con la otra parte en el futuro en tus condiciones, o concluyerás un mejor trato con otra parte en futuro.

FRECUENTACIONES Y RELACIONES ROMANTICAS

La escena de las frecuentaciones y relaciones románticas ha cambiado drásticamente en los últimos tiempos, especialmente con la introducción de la tecnología. Sin embargo, la psicología de la polaridad sexual entre la energía masculina y femenina en las frecuentaciones románticas es siempre la misma. Voy a hacer un análisis de cómo el flujo de la atracción funciona y se desarolla en una situación estándar - teniendo en cuenta el caso en el cual un hombre está más centrado en su energía masculina y una mujer la cual está más centrada en su energía femenina, que cubre por lo menos el 90 % + de las parejas habituales.

Antes de continuar, hay pero que notar dos cosas:
1) en raras circunstancias, una mujer puede preferir estar más centrada en su energía masculina y un hombre más centrado en su energía femenina y en este caso se puede formar una polaridad sexual entre ellos y la frecuentacion se desarrollerà bien. Una mujer a la cual le gusta estar más centrada en su energía masculina tratará de frecuentar a un hombre que prefiere estar más centrado en su energía femenina y viceversa - de lo contrario la polaridad sexual no se formarà correctamente y se crearán muchos conflictos - tanto por el dominio (si ambos se centran más en la energía masculina) o por la falta de estabilidad emocional (si ambos están más centrados en la energía femenina).
2) En cuanto a las frecuentaciones y las relaciones románticas entre dos miembros del mismo sexo, este flujo será prácticamente el mismo, excepto que tu tienes que cambiar "hombre" con el partner más

masculino y "mujer" con el partner más femenino.

Una vez aclarado esto, podemos proceder con mi análisis.

Cuando un hombre y una mujer se encuentran por la primera vez o se enciende una chispa de atracción romántica que puede incrementarse y venir explorada, o en caso contratrio debería mirar hacia adelante y conocer a otra persona. Es sólo un juego de números, en el cual a algunas personas tu les gustarás, y ad otras tu no les gustarás. Supongamos que en este caso hay la chispa de atracción. Los dos podrían concordar inmediatamente los detalles por una primera cita y/o intercambiarse las informaciones de contacto. Teléfono, correo electrónico, redes sociales, etc ... sirven solamente para planificar citas definidas, no para charlar y dar informaciones, especialmente en los primeros meses de frecuentación. Mientras que en las relaciones a larga distancia es recomendable utilizar las aplicaciones de video como Skype y/o el teléfono para mantenerse en contacto con regularidad, pero siempre es necesario acordarse que el propósito principal del uso de estas tecnologías es ponerse de acuerdo sobre los detalles de lugar y hora para verse de persona.
Ahora, pueden ocurrir dos cosas.
O la mujer ya tiene un alto nivel de atracción desde el principio y empiezará a "cazar" la atención del hombre - por ejemplo, invitándolo a salir juntos etc ... o la atracción de la mujer no está todavía suficientemente alta para que ella pueda "cazar" la atención del hombre y en este caso el hombre tendrá que hacer un pequeño esfuerzo (ponerse en contacto primero una vez por semana para programar citas en un lugar y un momento determinado), hasta que la atracción de la mujer aumentarò a un nivel alto y ella

empezará a cazar la atención del hombre - entrando más y más a menudo en contacto con él (en línea con el aumento de su atracción) y el hombre tendría que usar estas oportunidades de contacto para programar una nueva cita definida.

La mentalidad de los hombres más inteligentes en las relaciones románticas es una actitud de "tomar o dejar" y de indiferencia (en el sentido de "sentirse feliz, independientemente si estas o no con ella"), no fijarse en el resultado del sexo y permitir a las mujeres de ir y venir como a ellas les agradan. Un hombre ignorante en vez buscará la aprobación de la mujer y forzará el flujo de la atracción y las situaciones, lo que provocará una sensación de incomodidad en las mujeres, ya que advierten el riesgo de perder su libertad y además la "caza" de atención es un rasgo femenino, por lo que este reduce gradualmente la atracción de las mujeres (asì que la mujer gradualmente se alejará y testará cada vez más al hombre) hasta el punto que la mujer se irá del todo. Es importante acordarse que en las frecuentaciones y relaciones románticas es necesaria una polaridad sexual saludable (una de los dos personas debe ser más centrada en la energía masculina y la otra en la energía femenina) o de lo contrario la atracción entres ellos disminuirá lentamente. Durante las citas el hombre debe centrarse en el flujo de la misma: cuidarse de los detalles logísticos, centrándose en la mujer, haciendo de la cita una experienca divertida y seducirla (cuando la mujer se siente lista) llevandola gradualmente a la cama - mientras que la mujer debe centrarse únicamente en presentarse en la cita, vestida en manera atractiva, relajarse en su lado femenino siguiendo el liderazgo del hombre y hacerse cargo de la mayor parte de la conversación y de la conexión durante las citas. Las citas son una oportunidad para pasar tiempo divertido juntos y disfrutar de la compañía del otro, no para ser un terapeuta. La conversación tendría que ser siempre divertida y positiva, porque las mujeres asocian las emociones probadas en una cita a la misma presencia del hombre. También la mujer debe hablar la mayor parte del tiempo durante la cita con el hombre que la escucha correctamente. A veces puede ser necesario hablar de un argumento negativo durante una cita y en este caso es mejor centrarse sólo en el lado positivo de la situación y de la lección aprendida; a continuación de esto, cambiar rápidamente a un tema más entretenido.

Si es necesario, puedes hablar sobre un tema negativo con más detalles cuando la frecuentación se vuelve más estable y seria. El amor es divertido. Un hombre tendría que comportarse con las mujeres, como si ellas fueran sus hermanitas menores: tu las quieres mucho pero al mismo tiempo te gusta hacer bromas y jugar con ellas. La mujeres hacen comprender con señales no-verbales cuando están listas para cada paso de la seducción y de la frecuentación – así que el hombre debe prestar mucha atención a la mujer (y a su lenguaje del cuerpo). Buenas normas relativas a la seducción son:

1) es apropiado tocar a una mujer cuando la mujer envia una señal de invitación (por ejemplo si la mujer empieza el tacto, sin saberlo o conscientemente) y el contacto debe mantenerse hasta que la mujer no se retirará de tocar al hombre, y esperar la siguiente invitación para tocar a la mujer de nuevo. Esta es una forma que las mujeres utilizan para probar sutilmente si un hombre "caza" su atención más que ella busca la de él - y como se mencionó anteriormente, la caza de la atención es un rasgo femenino; por lo que si el hombre exagera en la "caza" de la atención, eso provoquerá el rechazo en el futuro.

2) Cuando se siente lista para ser besada, enviará señales no-verbal (como puedes leer en los consejos del lenguaje del cuerpo, donde hablé de los señales de atracción de las mujeres). A veces la mujer incluso va a besar de primera intención en el caso de alta atracción si es muy directa, pero por lo general una mujer raramente hace el primer paso.

3) Besar trae gradualmente la situación hasta el punto en que los besuquear pasionalmente y esto lleva al hombre de sugerir a la mujer de irse en un sitio más privado (como por ejemplo hacia su piso, el piso de ella etc...) para beber algos juntos. En este lugar privado, con una mentalidad de "dos pasos adelante y uno hacia atrás", el hombre va a seducirla gradualmente mientras que ella esta receptiva, hablando para construir más conexión cuando la mujer retrocede un poco, de modo que cuando la mujer esta totalmente lista - hacen sexo.

En media la mayoría de las mujeres "duerme" con un hombre en la segunda o tercera cita; el proceso puede llegar a ser más rápido si la misma cita sigue en 2/3 lugares diferentes, dando así la impresión a la mujer de más citas a la vez. Por lo general, después de un par de citas, la atracción de las mujeres comenzará a crecer al punto que empezarán a llamar en el espacio de menos de una semana - ergo comienzan a "cazar" activamente al hombre y en este punto el hombre debe simplemente esperar de escucharla y utilizar estas oportunidades para programar nuevas citas definidas. Durante los dos primeros meses de frecuentación, la mujer va a hacer una prueba específica: desaparecerá durante una semana, incluso si todo va bien. Es sólo una forma de comprobar si el hombre se comporta de forma obsesiva con la mujer (en este caso ella potencialmente podria arriesgar de perder su libertad y en el caso peor el hombre podría volverse en un acosador) o si el hombre es fuerte y centrado en su energía masculina y en su propio propósito en la vida.

La forma correcta para superar esta prueba es simplemente preguntar a la mujer cómo esta la semana siguiente sin dramatizar su comportamiento. La mujer va siempre a testar al hombre cuando prueba atracción romántica – faroleando y haciendo diferentes tipos de pruebas, inconsciente y/o consciente, para ver si el hombre se centra en su energía masculina. Mientras que la atracción de una mujer crece, estas pruebas serán más simples y fáciles de pasar; si se baja la atracción, la mujer se apartará más de él y lo pondrá a prueba cada vez en manera más y más difícil. Haciendo todo correctamente, generalmente por lo menos en 2+ meses de frecuentación, la mujer se pondrá generalmente en contacto por lo menos una vez al día y por lo general declarará de estar enamorada de él y que quiere una frecuentación exclusiva con él, ya que el hombre se convirtió en la montaña emocional de la mujer. El hombre debe ser la montaña y el líder de la pareja, para que la mujer pueda estar juguetona y relajada totalmente en su energia femenina. En ese momento, en función de los deseos de ambos, si la frecuentación continúa o se convertirá en una relación exclusiva, o se mantendrá como una relación aleatoria abierta. El verdadero amor es libertad. El objetivo de cada relación es dar, querer que la otra persona sea feliz y ayudarla a crecer y convertirse en una mejor versión de sí misma. En las relaciones exclusivas, muchos hombres cometen dos errores fatales: uno es que paran de apreciar y cortear a la mujer y la segunda es que no saben cómo comunicar correctamente con su mujer para abrirla de nuevo en su lado femenino – esto obligará a la mujer a volverse más y más en su lado masculino con el resultado de que la polaridad empieza a disiparse lentamente. Es fácil ver cuando esto pasa: por lo general estas parejas visten en la misma manera, la mujer deja de tomar el cuidado de su aspecto (pelo, uñas, ...) y comienza a ser el líder de la relacion en lugar de su hombre e incluso se puede notar en su cara el resentimiento debido a la debilidad de él y que se vuelven cada dia más fríos y distantes entre ellos. Es sólo una cuestión de tiempo y pronto habrá una ruptura o al limite sólo quedan juntos por intereses comunes, como los niños, las cuestiones económicas, etc... pero con la pasión que ha desaparecido por completo.

Una mujer que está satisfecha con su relación romántica tiene mucho cuidado de su apariencia, como por ejemplo se hace crecer el pelo más largo, se pinta las uñas, etc... y se puede ver que esta relajada y juegetóna en compañía de su hombre mientras sigue a su liderazgo. Es importante acordarse que el cortejo nunca termina y de los puntos que yo he evidenciado relativos a la comunicación entre hombre y mujer. A veces una relación puede terminar también si ambos hacen todo correctamente, debido a circunstancias externas que cambian la vida y que conducen a condiciones extremadamente difíciles para la continuación de la relación - si la decisión es mutua y ambas personas involucradas son maduras y gran comunicadores, deberian tomar una temporada de reflexións y después podrían seguir siendo amigos: en este tipo de escenario es la forma más amorosa para poner fin a una relación.

En el caso de una ruptura que no ha sido una decisión

mutua, la posición negocial más fuerte para la persona que fue dejada es negarse a seguir siendo sólo amigos, diciendo a la persona que la ha dejado/a que está interesada solamente en una frecuentación romántica y de llamarla si cambia de opinión en el futuro - y a continuación, irse y nunca mirar hacia atrás; a ese punto el 100% de la responsabilidad de la "caza" es de parte de la persona que quería la ruptura, para compensar el dolor causado. Si tu eres la persona que quería que la ruptura y te has dado/a cuenta de haber hecho un error, puede ponerse en contacto primero con la persona dejada una sola vez para disculparte y pedirle a él/ella una cita definida y en ese punto si todo va bien, el flujo de cortejo vuelve a la normalidad y si la persona que has dejado no quiere verte, sólo tienes que decirle de ponerse en contacto contigo en caso que cambie de opinión en futuro - y luego irse y no mirar hacia atrás. Las personas crecen juntas o para propia cuenta. El matrimonio no es una condición necesaria para una excelente relación romántica y esta opción debe ser considerada cuidadosamente por la pareja y si se elige esta opción debe estar motivada por el amor.

LA SABIDURÍA ESTRATÉGICA DE SUN TZU

Un dicho popular es *"En el amor y en la guerra todo está permitido."* Sun Tzu era un estratega de la guerra, con tal maestría hasta el punto de escribir un libro conocido como *"El arte de la guerra"*. A pesar de que la vida es un viaje y no una competición, conocer los conceptos básicos del arte de la guerra puede ser muy útil en varias ocasiones (deportes, concursos, autodefensa, etc...). En resumen, estos son los 36 principales estratagemas de guerra.

PARA COMANDAR LA SUPERIORIDAD
1) Engañar a los cielos y cruzar el océano: enmascarar tus verdaderos objetivos con una falsa representación hasta que haya alcanzado tus verdaderos objetivos: las constantes falsas alarmas molestarán al enemigo al punto tal que bajará la guardia cuando tu hagas tu movimiento real.
2) Asediar Wei para salvar Zhao: en lugar de enfrentarse a una batalla directa con un enemigo fuerte, evitala y golpeas directamente al punto débil del enemigo (como un aliado más débil)
3) Matar con un cuchillo prestado: causar daño a un enemigo o obtener la ayuda de una tercera parte para hacer daños o causar una guerra civil.
4) Cambiar el tiempo libre con el trabajo: tener tus tropas frescas y listas para la batalla, mientras que tu enemigo se apresura a luchar contra de ti - idealmente con el resultado que las tropas enemigas estarán cansadas cuando se encontrarán contra tu ejército preparado para la batalla.
5) Saquear una casa en llamas: el mejor momento para atacar a un oponente es cuando él tiene problemas personales así que tu concentración está por lo tanto

dirigida a otra parte. Sin embargo hay que tener cuidado de no quedarte atrapado en la casa en llamas.

*6) **Clamor a Este, atacar a Occidente:** convencer al enemigo a concentrar sus tropas en otro lugar y a continuación proceder a atacar una posición que es más débil defensivamente. El engaño y el elemento de sorpresa son factores claves para cambiar el resultado de una guerra.*

PARA LA COMPARACIÓN

*7) **Crear algo por el nada:** hacer creer a alguien que hay algo cuando no hay nada, o viceversa. Después de haber caído en el engaño debido a un truco una o dos veces, el enemigo no estará dispuesto a venir engañado por una tercera vez con un otro truco - y este es el momento perfecto para atacar.*

*8) **Reparas abiertamente la pasarela, pero colate a través del paso de Chencang:** engañas al oponente con un enfoque de que sea necesario un largo período de tiempo para la completación, o usar un plan para engañarlo, sorprendiendo al enemigo con un ataque a sorpresa o para ocultar otro plan de su atención.*

*9) **Mira al fuego desde la orilla opuesta o sientate en la montaña y ves la pelea de las tigres:** el momento perfecto para entrar en el campo de batalla es cuando todos los otros competidores están cansados luchando entre ellos mismos, así de irrumpir en el campo de batalla y recoger los pedazos.*

*10) **Ocultar un cuchillo detrás de una sonrisa:** Fascinar y obtener el favor del enemigo y una vez que tienes su confianza, moverte contra de él en secreto.*

*11) **Sacrificar el ciruelo para preservar el melocotonero:** sacrificar objetivos a corto plazo para alcanzar el objetivo a largo plazo.*

12) Aprovechar de la oportunidad para derribar una cabra: mientras que traes tus planes, tienes que saber cómo ser lo suficientemente flexible para aprovechar de todas las oportunidades posibles - no importa cuánto pequeños o ligeros son los beneficios que se pueden obtener por ellas.

PARA EL ATAQUE

13) Batir la hierba para asustar a la serpiente: hacer algo sin propósito, pero muy espectacular y que sea suficiente para causar la reacción de un oponente, dejando al descubierto sus planes y/o posición; o simplemente burlarse de él. Hacer algo inusual, extraño e inesperado ya que esto despertará el sospecho del oponente, bajando su guardia y haciéndole perder la concentración. Sin embargo hay que tener cuidado - un acto imprudente podría revelar tu ubicación o tus intenciones al oponente.

14) Tomar un cadáver para resucitar el alma: Dar nueva vida a algo del pasado para darle un nuevo propósito o remodelarlo a tu ventaja.

15) Atraer a la tigre fuera de la montaña: Atraer al enemigo lejos de su ventaja de campo, de esta manera lo apartarás de su fuente de fortaleza.

16) Para atrapar algo, déjalo antes libre: una presa atrapada a menudo intentará un ataque final por la desesperación: para evitarlo, es necesario dejar que los enemigos crean que todavía tienen una oportunidad de libertad;

17) Lanzar un ladrillo para atraer Jade: atraer a alguien en la creencia de que van a ganar algo o hacerlos reaccionar, y obtener algo valioso de él en cambio.

18) Para capturar a los bandidos, captura los líderes

enemigos: Si un ejército enemigo es fuerte, pero sigue el liderazgo del comandante sólo por dinero o por amenazas - captura al líder y luego el resto del ejército se va a dispersar o a estar a tu lado. Pero si son fieles a su líder, hay que tener cuidado ya que el ejército puede seguir luchando después de su muerte para vengarlo.

PARA LAS SITUACIONES CONFUDIDAS

19) Robar la leña debajo de la maceta: destruir los argumentos y / o recursos de tu oponente, para negar al enemigo las herramientas de influencia y los recursos necesarios para la batalla.

20) Perturbar el agua para atrapar un pez: Crear confusión y utilizar esta confusión para bajar la guardia del enemigo y llevar a cabo tus planes.

21) Retirar la cáscara de oro de la cigarra: crear una ilusión que se ajuste a tus objetivos con el fin de distraer a los demás.

22) Cerrar la puerta para atrapar al ladrón: Si tienes la capacidad de capturar completamente al enemigo, debes hacerlo, llevando la batalla o la guerra a un final rápido y una paz duradera.

23) Obtener la ayuda de un estado más lejos mientras que atacas a uno cercano: Cuando tu eres el más fuerte en el campo de batalla, tu mayor amenaza es el segundo más fuerte en tu campo, no el más fuerte del otro campo - y luego el segundo más fuerte del ejército enemigo será un buen aliado, aunque si solamente un aliado temporero.

24) Obtener el paso seguro para conquistar Guo: tomar en préstamo los recursos de un aliado para atacar a un enemigo común. Una vez que has derrotado al enemigo común, usar esos mismos recursos para atacar al aliado que te ha dado ellos en el primer lugar.

PARA LA GESTIÓN DEL CAMPO DE BATALLA

25) Vuelvas a colocar las vigas con madera podrida: *destruir las formaciones del oponente, interferir con sus métodos de operación, cambiar las reglas a las cuales están acostumbrados a seguir, ir en contra de su formación estándar.*

26) Puntar a la morera, pero maldecir la langosta: *para regular, controlar o advertir a los demás cuya condición o posición los excluye de la confrontación directa, debes utilizar la analogía y la insinuación, sin directamente utilizar nombres: los acusados no pueden perseguir a esta advertencia sin revelar su complicidad.*

27) Pretender la locura, pero mantener el equilibrio: *Ocúltate detrás de la máscara de un loco, un tonto o un borracho para crear confusión acerca de tus verdaderas intenciones y motivaciones.*

28) Ponerlos en el techo, luego quitar la escalera: *Con el cebo y el engaño, atraer el enemigo en un terreno peligroso, entonces continúar cortando sus líneas de comunicación y rutas de fuga; en ese punto para salvarse, tiene que luchar no sólo contra tu ejército sino también contra los elementos de la naturaleza.*

29) Cubrir el árbol con flores falsas: *a través del uso del engaño, el artificio y el disfraz, revelar algo sin valor - precioso; de ninguna amenaza - peligroso; inútil – útil.*

30) Invertir las funciones de líder y huesped: *Infíltrate entre las líneas enemigas, haciéndote pasar por un huésped aceptable para usurpar gradualmente el liderazgo de las líneas enemigas desde el interior.*

PARA LAS SITUACIONES DESESPARADAS

31) La trampa de la belleza: *envias tus bellas mujeres en el campo enemigo para causar discordia. En primer* *lugar, los lideres se vuelven tan enamorados de las bellas mujeres que comienzan a descuidar sus deberes y permiten de bajar su guardia. En segundo lugar, los otros hombres en la corte empezarán a enseñar un comportamiento agresivo que hará sì que las pequeñas diferencias dificultan la cooperación y destruyen la moral del ejército. En tercer lugar, las otras mujeres de la corte, motivadas por los celos y la envidia, empiezan a llamar la intriga, creando un caos mayor y agravando ulteriormente la situación.*

32) Estrategia de la fortaleza vacía: *Cuando el enemigo es superior en número y tu situación es tal que se puede hacer un pronóstico fiable que estás para ser barrido en cualquier momento, abandones toda pretensión de preparación militar y actúas con calma, para que el enemigo va a pensar que tienes tropas ocultas y que quieres atraparlo en tu fortaleza.*

33) Que el espía enemigo vea la discordia en el campo enemigo: *sabotear las habilidades de colección de las informaciones de parte de tu enemigo usando espías contra él o infiltrando tus agentes entre los suyos.*

34) Lesionar a tí mismo para obtener la confianza del enemigo: *Pretender de estar lesionado tiene dos efectos posibles. En un primer momento, el enemigo va a bajar la guardia, ya que no te considera como una amenaza inmediata. La segunda es una manera de ganarte el favor de tu enemigo, pretendiendo que el daño fue causado por un enemigo común.*

35) Estratagemas a cadena: *En situaciones importantes, debes utilizar diferentes estratagemas aplicadas simultáneamente, una tras otra, como en una cadena de estratagemas. Es importante tener diferentes planes que operan en un esquema general. Sin embargo, de esta manera, si una estrategia no tiene éxito, entonces la*

cadena se rompe y con eso todo el esquema.
36) Si todo lo demás falla, retirate: La mejor batalla es cuando tu ejército nunca necesita movilizarse, pero si se hace evidente que tu plan de acción conducirá a la derrota, es mejor retirarte y reagruparte.

El conocimiento de estos principios puede ser útil en varias situaciones, por lo que debe evaluar con calma e imparcialidad de las circunstancias y evaluar a cómo actuar correctamente. En el libro "El Arte de la Guerra" de Sun Tzu se puede encontrar un análisis estratégico más detallado de la guerra.

If you know the enemy and know yourself, you need not fear the result of a hundred battles.

- Sun Tzu

COMO HACER FRENTE A SITUACIONES DIFICILES

La vida a veces puede ser bastante difícil.

Por ejemplo, voy a decirte algo que pasó a mi abuelo Domenico, que murió desde hace muchos años.

Entre las dificultades que enfrentó, la más importante fue la muerte de su padre cuando mi abuelo tenía sólo 11 años de edad y desde entonces tuvo que abandonar la escuela y empezar a trabajar para mantener a su familia. Como estaba sirviendo en el ejército, estalló la Segunda Guerra Mundial y tuvo que luchar en el frente greco-albanés durante unos cinco años. Al final sufrió una congelación de los dos pies y fue enviado al hospital San Martino de Génova para el tratamiento. A pesar de todo lo que pasó, emocionalmente nunca se golpeó y vivió una buena vida. Incluso yo mismo pasé un periodo muy duro de unos siete meses, durante los cuales murieron 3 mis abuelos (mientras mi abuela española murió cuando yo era un niño). En ese momento tan duro, leí una historia que me ha ayudó mucho.

"Había una vez un rey en una tierra al Este - el rey alternaba momentos de muy mal humor y despostismo extremo a momentos en los que él era extremadamente generoso con la población. Inclusas las cosas más insignificantes fueron suficientes para alterarlo emocionalmente y de repente. En un momento de lucidez, el rey se dio cuenta de que su comportamiento no era aceptable y pidió a un sabio para que encontrase una solución a su problema. El quería saber cómo encontrar el equilibrio, la paz interior y la serenidad en su vida, ofreciendo todo lo que el sabio deseaba en cambio. El sabio no quería nada y la solución seria un regalo para

el rey en la condición que él lo había utilizado. El rey estuvo de acuerdo y el sabio regresó después de unas semanas. Presentó al rey una caja, en la cual había un anillo. El rey se sorprendió al ver el anillo y se dio cuenta de una simple inscripción tallada arriba: "Esto también pasará". El sabio respondió que el rey tendría que llevar siempre este anillo y no importa lo que pasa – antes de etiquetar la situación como buena o mala, tenía que tocar el anillo y leer la inscripción sobre el mismo y de esta manera el equilibrio interior siempre estaria con él".

En el yoga, podemos expresar el concepto de "titiksa" con una frase: *"El dolor es inevitable, pero el sufrimiento es opcional".* La paz interior comienza cuando tu no permites que otras personas o eventos controlen tus sentimientos.
La vida es un flujo, la estagnación es la muerte.
Las personas van y vienen en tu vida.
Las situaciones y las circunstancias cambian.
El apego a las situaciones pasadas y rumiando sobre el futuro son las raíces de todo el sufrimiento - el único momento realmente existente es el "aquí y ahora". El yoga es una forma de libertad - al practicarlo, aprendes a meditar y a deshacerse de los sentimientos negativos, miedo y sufrimiento.

Hablando de la meditación, una de las ramas del yoga es el Tantra, que a menudo se entiende mal en Occidente. El Tantra es mucho más que las técnicas sexuales, que son una parte de ella. El sexo es muy agradable, no sólo por razones biológicas, sino también porque es una forma de meditación y el tantra profundiza detalladamente este aspecto. En el Tantra se examina con gran detalle el uso del sexo como una forma de meditación avanzada entre dos personas en la cual la libertad de la energía masculina (relativa a la ruptura de las barreras y dar placer a la pareja) y la libertad de la energía femenina (amor y conexión). Las técnicas sexuales son sólo uno de los aspectos del Tantra, pero no son el objetivo principal de la práctica. Volviendo a situaciones difíciles, son simplemente oportunidades para fortalecerse y volverse más sabios.

Si nos fijamos en el tiro con arco, se puede observar que para tirar una flecha se necesita antes colocar la flecha en el arco, tirar la cuerda y flecha hacia atrás y cuando estás listo/a para la máxima potencia de fuego - apuntar al blanco, soltar la flecha y la misma parte. Del mismo modo, cuando la vida esta "tirandote atrás" con dificultades, en realidad significa que tu te estás poniendo en marcha para obtener algo más grande, así que tomate el tiempo necesario para llevarlo a cabo, pero luego levantate, concentrate en mantener una actitud positiva y sigues actuando hacia tu objetivos y sueños. Como última nota, si tú no lo obtuviste ya, un día llegarás a un punto en el cual estás realmente en paz y en contacto con ti mismo. Nada de lo que otra persona dice o hace, ni la negatividad ni el drama pueden influenciarte más. Ese punto se llama en la práctica Zen como "punto zen" y el evento que desencadena el logro de este punto será único para cada persona. Después de todo, la forma de vida de cada persona es diferente.

REFLEXIONES FINALES

Nuestro camino juntos en este libro termina aquí.
Te sugiero que vuelvas a leer el libro de vez en cuando,
y utilizes todas las oportunidades posibles para practicar
lo que has aprendido aquí de manera que los principios de
este libro se convertirán en automáticos para ti. Si te
resulta interesante el yoga, un libro muy bueno para
empezar tu propia práctica es "Aprendo yoga" por André
Van Lysebeth. Si te gustó este libro, te invito a sugerirlo a
toda tu familia, tus queridos y conocidos, y también a
poner   like   en   mi   página   de   facebook:
http://facebook.com/theinteriorlight/
Si necesita personalmente entrenamiento de vida
(especialmente de yoga, frecuentaciones y relaciones
románticas, habilidades de negociación) y eres una
persona seria, entonces puedes escribirme directamente
una email a theinteriorlight@gmail.com (tamaño máximo
del mensaje de 2/3 párrafos) y contestaré con placer
cuando tenga tiempo libre. Dicho esto, una vez
completada la asimilación del libro, la lectura y puesta en
práctica de las técnicas de este libro, tu grandeza se
activará completamente.   Controlerás totalmente a ti
mismo y a tu vida, vas a sonreír más, cada vez distribuirás
energía más positiva, la bondad y el amor en este
universo. Te has convertido en la luz.

NAMASTE
Honro el lugar en ti en el cual reside
todo el universo. Honro el lugar en ti que
está lleno de amor, verdad, luz y paz.
Cuando estás en este lugar en ti
y yo estoy en este lugar en mí,
somos uno.